ピラーティス
Pilates

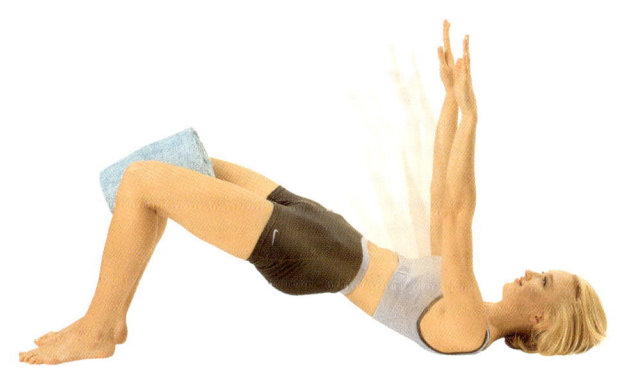

ピラーティス
Pilates

エレガントでしなやかな身体をつくる
新しいボディコンディショニング

アンナ・セルビー／アラン・ハードマン 著

橋本 佳子／ダレン・ヒンドリー 監訳

吉井 知代子 訳

GAIA BOOKS
産調出版

A Gaia Original

ガイア・ブックスの本は、
"自給自足に生きる地球" というガイアの視点を重んじ、
読者の皆さまが個人と地球のより良い調和の中で暮らすためのお手伝いをします。

注意

本書で紹介したテクニック、アイデアおよびアドバイスは、すべて読者の判断と責任のもとに行われることを前提としています。注意事項には必ず目を通し、健康状態に不安がある場合は医者に相談して下さい。

なお、本書は、読者の皆さまが理解しやすいように、専門的な言葉をわかりやすい表現に改めています。

Pilates
by Anna Selby & Alan Herdman

First published in the United Kingdom in 1999
under the title *Pilates* byGaia Books Ltd,
66 Charlotte St, London W1P 1LR
and 20 High St, Stroud, Glos GL5 1AZ

Copyright © 1999 Gaia Books Limited, London
Text Copyright © 1999 Anna Selby

All rights reserved including the right of reproduction in whole
or in part in any form.

ISBN 4-88282-232-6
Printed and bound in Singapore by Kyodo

本書の利用について

　本書は進級構成になっています。プログラムはまずセルフチェックから始まります。ここで、自分の強いところと弱いところを知り、ピラーティスで大切な、しかし時に忘れられがちな筋肉がどこにあるかを確認してください。何週間か後に、このセルフチェックをもう一度行い、どれほど変化したかをみるとよいでしょう。きっとうれしい発見があるはずです。

　48ページから始まるウォームアップは、どのレベルにも共通するものです。複雑な運動に移る前に身体を目覚めさせ、集中できるようになるためのものですから、毎回、セッションの最初に行ってください。レベルごとのエクササイズを順に行えば、身体のすべての部位を動かすことになりますので、ほかよりも強いところや柔軟なところがあることに気づくはずです。しかし、レベル内のすべてのエクササイズを気持ちよく行えるようになってから、次のレベルに移ることが理想です。エクササイズの中にはハードなものがあります。たとえばレベル3の「腹筋運動上級」のようなものは、身体がじゅうぶんに鍛えられるまでは後回しにしましょう。一番大事なことは、全身を支える骨盤と腹筋、つまりピラーティスでいう"セントラル・ガードル（胴体の筋群）"を徐々につくっていき、だんだんと難しい動きを安全に行えるようになることです。くぼむべき腹筋が膨らんだり、震えたりしたときは、中止！　それは、筋肉が、そのエクササイズに耐えられるほどまだ鍛えられていないと警告しているのです。そのような場合は、回数を減らすか、それ以上進まないようにしましょう。

　エクササイズごとに、繰り返す回数が書かれていますので、それより多く行うのはやめてください。ピラーティスで大切なのは、数よりも、質と正確さです。1週間に3セッションを1日おきに行うことを目標とします。

　この本のエクササイズはすべて無酸素運動です。それを補うために、一般的な有酸素運動をすることをおすすめします。早歩きは日常生活に取りいれやすいでしょうし、水泳や自転車もよいでしょう。しかし、ランニングやジョギングは、とくに舗装道路など固い地面を走る場合、膝や背中を痛めるおそれがあります。軽く息がきれる程度のものを選んで、20分間、1週間に2、3回行うようにしましょう。

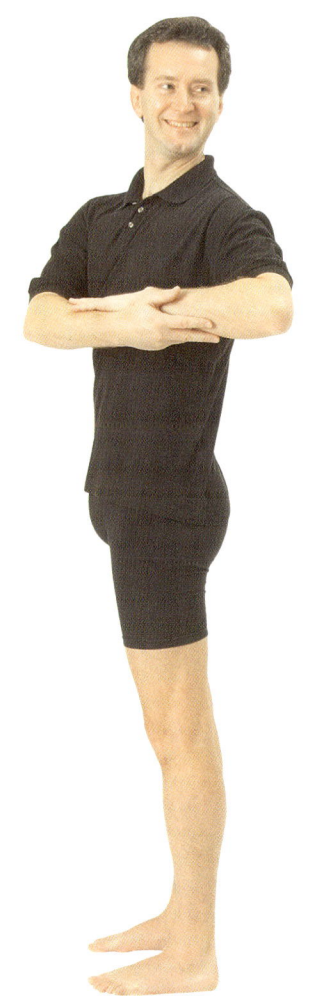

目次

本書の利用について	5
目次	6
オナー・ブラックマンによるまえがき	8
著者の紹介	9
はじめに	10

Chapter One
ピラーティス法の誕生　　13

Chapter Two
身体の基本を知りましょう　　17

筋肉の名前	18
良い姿勢と悪い姿勢	20
セルフチェック：脊椎（脊柱）	22
セルフチェック：上半身	24
セルフチェック：セントラル・ガードル（胴体の筋群)	26
自己診断チャート	29

Chapter Three
スタジオで行うピラーティス　　31

セントラル・ガードル（胴体の筋群）	34
腹筋運動	36
広背筋と胴	38
腕と上半身	40
プリエ	44

Chapter Four
ピラーティスを始めましょう　　47

ウォームアップ	48
首と背中をほぐす	52
上半身をほぐす	54

レベル1　　58

上半身をほぐす	60
背中を強化する	62
腹筋だけを意識する	64
腹筋を強化する	66
セントラル・ガードル（胴体の筋群）を強化する	68
脚を鍛える	70
腕を鍛える	74
筋肉をほぐす	76

レベル2	78
上半身をほぐす	80
脊椎（脊柱）をほぐす	82
下背部を柔軟にする	84
セントラル・ガードル（胴体の筋群）を強化する	86
脚を鍛える	88
腹筋を強化する	92
腕を強化する	95
背中を強化する	96
脚の運動	98

レベル3	102
脊椎（脊柱）をほぐす	104
脊椎（脊柱）を柔軟にする	106
セントラル・ガードル（胴体の筋群）	108
背中をほぐす	112
脚を鍛える	116
腹筋を強化する	118
上半身をほぐす	122
腕を強化する	124
脚の運動	129
プリエ	130
腹筋運動上級	134
筋肉をほぐす　ファイナル	136

付録

ピラーティス法の基本ルール	138
用語の説明	139
問い合わせ先・資料	140
索引	141

まえがき

　アランのスタジオでピラーティスを習い始めて、17年になります。スタジオ以外でも、世界各地のホテルの床で練習に励んでいます。ピラーティスは、まさに私が求めていたお気にいりのエクササイズ法です。ダンスをして燃焼させる必要はなく、ただ身体のすべての筋肉を鍛えればいいのです。このところ、次々に良さそうなエクササイズ法が紹介されていますが、1、2年経てば、いろいろな意見から害を及ぼすものだとわかる始末です。

　ピラーティスのエクササイズを行うようになって、身体が全体に調子がいいと思うのはもちろん、整骨院のお世話にならずにいられるようにもなりました。『おしゃれ㊙探偵』を撮っていた頃、スタジオのセメントの床の上で柔道の練習をしたせいで、背中の痛みがひどくなったのです。そこで、背中の筋肉が強く、柔らかくなる運動をしてみたら、いまでは背骨があるべきところにあるのを感じます。

　数年前、いつまでも元気におしゃれでいられる素敵な年の重ね方について本を書きました。その中の大事な章でピラーティスを取りあげています。アランが筋肉の名前を正しくあげるのを手伝ってくれたときに、二人で撮った楽しい写真も載せています。その本にも書きましたが、ピラーティスを家で行うには、キッチンの椅子を1脚、クッション1個、本1冊、スープの缶詰2缶、小さいタオル1枚を用意するだけでいいのです。ここがピラーティスの素敵なところで、高価な器具はいりませんし、場所を選ばず、大体どこででも始められます。

　アランはとても厳しい人ですが、素晴らしいインストラクターです。エクササイズが始まったら、ぼんやり楽できる時なんてありません。集中して、エクササイズの目的を達成することをしっかり考えていなければいけないからです。時間は短くても内容を完全に行えば、その2倍の時間、慌てて不完全に行うよりもずっと効果があります。

　エクササイズを始める前は、「ああ、いやだな」と思うこともよくありますが、終わった後は、背筋が伸び、胸をはって歩き、最高の気分で、生気にあふれて（かつての共演者、パトリック・マクニーの好きな言葉）います。

　アランになら安心してあなたを任せられます。さあ、始めてください。その決意は一生のものとなり、途絶えることなく、けっして後悔することはないでしょう。

オナー・ブラックマン

著者の紹介

アンナ・セルビーは、バレエ、マーサ・グレアム・テクニック、ヨーガ、太極拳など、いろいろなダンスとエクササイズ法に関わってきました。最初に興味をもったのがピラーティスで、1985年、アンナが書いた『ウーマンズ・ワークアウト・ブック』は、英国で初めてピラーティスを扱った本となりました。その後、おもにエクササイズと健康、アロマテラピー、中国ハーブなどについて、9冊の本を執筆しました。BBCラジオの人気番組『ウーマンズ・アワー』で、特集番組のレポーターを経て、今は、『タイムズ』、『デイリー・テレグラフ』、『イヴニング・スタンダード』、『ハーパーズ・アンド・クイーン』など、英国のさまざまな新聞や雑誌で特集記事を書く、フリーライターをしています。

アラン・ハードマンは、英国におけるピラーティス法の第一人者です。ニューヨークでピラーティスを学び、1970年代初めにそれをロンドンに紹介し、英国で最初のピラーティススタジオを設立しました。それ以前は、ロンドン・コンテンポラリーダンスで、マーサ・グレアム・テクニックのトレーニングを、またラバン・ダンス・ドラマで、インストラクターになるためのトレーニングを受けました。ロンドンのスタジオに続いて、スウェーデンやイスラエルなど世界各地にスタジオを設立。インストラクターを育てるトレーナーとして、知識と技術を、ピラーティスの多くのインストラクターたちに、またロンドン・スクール・オブ・コンテンポラリーダンス、英国ナショナルバレエ、ヒューストンバレエ、イスラエルのバットドール舞踊団などのダンサーたちに伝えてきました。また、英国ナショナル・バレエ・スクール・アンド・カンパニー、ロイヤルアカデミー・オブ・ダンス、エルムハースト・バレエスクールでも活躍し、日本と米国にも、毎年、インストラクターとして招かれています。

はじめに

　50年も時代を先取りしたエクササイズ法を発明した——ジョウゼフ・ピラーティスは好んでこう言いました。
　広い人気を得て、やっと時代が追いついたのです。ニューヨークのスタジオでプロのダンサーを相手に始まったものが、今では世界中で、年齢や経歴を問わずさまざまな人たちの心をひきつけるエクササイズ法となりました。
　ピラーティスがこれほどの成功をおさめた理由は、なによりも効果があるからです。過去数十年、とどまることのないエクササイズブームの中、ピラーティスはきわめて安全な方法で望みどおりの身体をつくるエクササイズ法として登場しました。
　大抵のスポーツやエクササイズ法では、大きな強い筋肉だけに着目し、それらの筋肉が隆々として強くなるほど、小さな弱い筋肉のことを忘れがちです。しかし、ピラーティスでは、そんな筋肉があったのかと思われるものも含めて、小さな弱い筋肉を強化し、同時に大きな筋肉も丈夫で柔軟にすることで、しなやかでバランスのとれた完璧な身体をつくります。小さな弱い筋肉がどこにあるかを知り、どう動かすかを覚えるためには、かなりの集中と、抑制、正確さが必要になります。ピラーティスが"頭をつかうエクササイズ"と呼ばれるのはそのためです。通常とは違う精神と身体の同時性を必要とし、その結果、東洋の瞑想と運動法ではよく知られている、全身の一体感とまとまりを感じるようになります。
　集中は、ピラーティス法の6つの基本原理のひとつです。ピラーティスは、詩人シラーの言葉"肉体をつくるのは精神である"を好んで

引用しています。ほかの5つの基本原理は、呼吸、抑制、センタリング、なめらかな動き、正確さです。ピラーティスのエクササイズは抑制されており安全ですから、たとえば事故にあい、リハビリテーションを受けているような人にも適しています。また、どんな年齢の人でも行えます。その証拠に、ロンドンのアラン・ハードマンのスタジオには、70歳以上の人たちがたくさんいます。

　ピラーティスは、つまるところ自分の身体を知るエクササイズ法です。エクササイズをとおして、正しく身体を動かすことを覚えれば、姿勢がよくなり、筋肉はより鍛えられ、関節はより柔軟に、のびやかで、バランスのとれた体格になります。頭をつかわない退屈なエクササイズをただ繰り返すのではなく、弾みをつけず抑制して筋肉を使い、最小限の運動をすることで、目的がかなうのです。最初はほとんど変化があらわれないかもしれません。とくに、エアロビクスのクラスに参加していた人や、ジムで重いウェイトを持ち上げていた人などは、そう感じることでしょう。しかし、自分の身体を正しく使えるようになるためには、全身をまとまりとしてとらえる必要があります。そのため、本書の前半では、最大限の結果を出せるよう、忘れられがちな筋肉がどこにあるかを知り、どのように身体を動かせばいいのかを学ぶためのエクササイズを取りあげます。

　本書のレベルに従って、あなたにあった運動を続ければ、かならず望みどおりの身体になります。筋肉は脂肪よりも重いものですから、体重が減ることはないかもしれませんが、お腹を引き締め、ヒップアップをし、四肢を鍛えてのびやかにし、優雅な身のこなしのできる、バレエダンサーのような均整のとれた身体になるのです。また、ここで覚えたエクササイズは、毎日の生活に取りいれられるので、座る、歩く、立つといった、もっとも基本的な動作が上品でバランスのとれたものになることでしょう。

Chapter One

ピラーティス法の誕生

ジョウゼフ・ヒューベアトス・
ピラーティスは、
1880年、ドイツのデュッセルドルフ近郊で
生まれました。
結核の気味があり、
病弱な子ども時代を過ごしました。

しかし、ピラーティスは、
病気にしばられるのではなく、
身体を鍛えようと強く決意します。
そして、ボディビルディングなど
体力をつける運動を根気よく続け、
14歳になる頃には、
人体解剖図のモデルをするほどになりました。
やがて、体操、スキー、ダイビング、
ボクシングなど幅広い分野で活躍する
スポーツマンとなり、
サーカスでパフォーマンスを
披露することもありました。
1912年には、祖国ドイツを離れ、英国にわたって、
プロボクサーになり、ロンドン警視庁の
刑事たちに自己防衛の方法を教えました。

2年後、第一次世界大戦が起こり、ドイツ国民とみなされたピラーティスは、英国当局によって抑留されます。しかし、強制中、あいている時間を使って、健康と運動についてのアイデアをふくらませるのです。ピラーティスが関心をもつ分野は幅広く、ヨーガから動物の動きの研究までありとあらゆることに及んでいました。ピラーティスは抑留されている仲間に考案中のエクササイズ法を教えました。1918年にインフルエンザが大流行したにもかかわらず、ひとりの死者も出なかったのは、そのエクササイズのおかげだと言いました。

終戦後、ピラーティスはドイツにもどり、ダンスや運動法の草分けとなる人たちと活動を共にしましたが、中でも親しくしていたのが、現在もっとも広く使われているダンス表記法をつくったルドルフ・フォン・ラバンです。また、同じ頃、ピラーティスは、ハンブルク警察隊でトレーナーの仕事もしていました。しかし、その時、ドイツに長

マーサ・グレアム

米国の振付師、ダンサー、インストラクター、モダンダンスの先駆者。『サレムの岸辺』に出演中（1924年頃）。

くはとどまらず、1923年、最初のスタジオを設立すべく、妻のクララを伴い、ニューヨークへ旅立ったのです。

　ピラーティスのエクササイズ法は、米国で瞬く間に成功をおさめました。とくにダンサーたちの間で認められ、初期の影響を受けたダンサーの中には、マーサ・グレアムとジョージ・バランシンがいました。また、身体を故障しかかったダンサーが、ピラーティスのエクササイズを使ってリハビリテーションを行えば、リハビリテーションそのものの治療効果が出るよりも前に、とても早く回復することがわかりました。ピラーティスは抑留されていた間、しばらく看護士の仕事をしていました。このとき、病院のベッドにスプリングをつけて試してみたところ、患者たちは立ち上がれるようになる前から、筋肉を鍛える運動を始めることができたのです。

　その後、ピラーティスはスプリングの抵抗を使った"ユニバーサルリフォーマー"という器具を発明しました。それは、エクササイズによって、またそれぞれの力に応じて、最高4本のスプリングをつけて利用する、傾斜のついた平らなベッド型の器具です。現在では、そのユニバーサルリフォーマーが変化して、プリエマシンと呼ばれる器具ができました。プリエマシンはいま、ピラーティススタジオで中心となって利用されています。数十年の間に、ほかの器具も発明され、ピラーティス法は広く大きく成長しました。

　アラン・ハードマンは、ニューヨークでジョウゼフ・ピラーティス本人がトレーニングした一番弟子、ボブ・フィッツジェラルドとカローラ・トリアの2人から、ピラーティスのエクササイズ法を学び、1970年代初めに、それを英国に紹介しました。アランがロンドンにつくったスタジオは、世界に広がるピラーティススタジオの中心となっています。ジョウゼフ・ピラーティスがスタジオを設立してから数十年、ピラーティス法はさまざまに進化してきました。インストラクターによっては、息を吸いながら、無理に早い動きを行わせる者もいました。この方法は、未発達の筋肉を犠牲にして、厚い筋肉ばかりをつくる傾向があります。アラン・ハードマンのトレーニングは呼吸に焦点をあてているのが大きな特長で、息を吐くときにすべての動きを行い、それによって最高にバランスのとれた調子のよい身体と、リラックスして集中力のある心をつくります。運動はすべて、きわめてゆっくりと、リズムにのって行い、弱い筋肉のある場所を意識し、そこをよく動かすようにします。